AF273141

Navid Abedini

„So geht's nicht weiter." – Krise-Umbruch-Aufbruch

Migration meines Großvaters
nach Deutschland

novum pocket

Bibliografische Information
der Deutschen Nationalbibliothek:

Die Deutsche Nationalbibliothek
verzeichnet diese Publikation in der
Deutschen Nationalbibliografie.
Detaillierte bibliografische Daten
sind im Internet über
http://www.d-nb.de abrufbar.

Gedruckt in der Europäischen Union
auf umweltfreundlichem, chlor- und
säurefrei gebleichtem Papier.

© 2021 novum Verlag

ISBN 978-3-99010-899-4
Umschlagfoto:
shutterstock.com/©ESB Professional
Umschlaggestaltung, Layout & Satz:
novum Verlag
Innenabbildungen:
Seite 6: Navid Abedini,
Seite 11, 21, 41, 44, 45, 48, 55, 58:
Konstantin Kapnisti,
Seite 17: Dmitri Kessel,
Seite 26: FALKENSTEINFOTO/Alamy
Stock Photo,
Seite 31: CPA Media Pte Ltd/Alamy
Stock Foto

www.novumverlag.com

INHALTSVERZEICHNIS

1 PROLOG

Lieber Leser, liebe Leserin, ich heiße Navid Abedini und besuche die 7a des Rabanus- Maurus- Gymnasiums in Mainz. Zu meinen Hobbys gehören: schwimmen, Fahrrad fahren, Astrophysik und Etymologie. Am liebsten höre ich Musik von *Pink Floyd* oder *Led Zeppelin*. Zu den Instrumenten, die ich spiele, gehören: Tenorhorn, Saxofon und Klavier.

Ich nehme an dem Wettbewerb teil, da mir mein Großvater aus Griechenland, der Konstantin Kapnistis heißt, seine ergreifende Lebensgeschichte erzählte. Sie berührte mich in einem Maße, welches man als junger Mensch nicht einfach in Worte fassen kann. Die Gelegenheit, an einem Wettbewerb teilzunehmen, dessen Thema der Lebensgeschichte meines Großvaters ähnelt, veranlasste mich dazu, an dem Geschichtswettbewerb teilzunehmen, um auch anderen Menschen die Möglichkeit zu geben, diese faszinierende, von Hoch- und Tiefpunkten geprägte Biografie zu lesen und individuell zu interpretieren.

Obwohl mein Großvater zu der Generation der Gastarbeiter gehört, die in den 60er Jahren nicht nur aus Griechenland nach Deutschland kamen, lässt sich doch ein Zusammenhang mit der heutigen Situation von Flüchtlingen herstellen: Menschen, die sich aus politischen oder wirtschaftlichen Gründen heraus gezwungen sehen, ihre Heimat zu verlassen und in der Fremde ihr neues Glück suchen. Gerade in unserer aktuellen politischen Situation, in der speziell in Europa das Thema der Flüchtlinge kontrovers diskutiert wird, bieten uns die Erfahrungen der eigenen Geschichte die Möglichkeit, aus ihr zu lernen und Beweggründe nachvollziehen zu können, wobei dies ebenfalls für die Zeit meines Großvaters galt. Die Lebensgeschichte meines Großvaters aus Griechenland soll an dieser Stelle exemplarisch für alle Immigranten stehen, und nicht nur als Einzelfall gesehen werden.

Ich hätte ebenfalls über die Lebensgeschichte meines Vaters berichten können, der vor 34 Jahren aus seiner Heimat nach Deutschland flüchten musste. Er war aufgrund von politischen Hintergründen gezwungen, zu flüchten. Sie ähnelte in gewisser Weise auch der Geschichte meines Großvaters, dieser jedoch immigrierte basierend auf wirtschaftlichen Gründen nach Deutschland, von welchem sich jedoch beide eine bessere Zukunft erhofften.

Als zentrale Frage habe ich die persönlichen Beweggründe und die politisch- wirtschaftlichen Umstände in dieser Zeit gewählt, welche meinen Opa damals dazu veranlassten, seine Heimat zu verlassen.

Als weitere Fragen habe ich gewählt, weshalb genau Konstantin nach Deutschland, und in kein anderes Land immigriert ist, in dem eine bessere Zukunft zu erwarten wäre. Auf die Frage, weshalb er nicht in Griechenland geblieben ist, um dann beispielsweise in Großstädten wie Athen zu leben, werde ich ebenfalls eingehen.

2 Historische und biografische Hintergründe

2.1 Kurze Biografie meines Opas Konstantin Kapnistis aus Nordgriechenland

Mein Großvater wurde am 25. Januar 1940 im nordgriechischen Bergdorf Naoussa geboren, das heute noch unter Weinkennern als eine der besten Weinregionen Griechenlands und als Skigebiet bekannt ist.

Wie mein Großvater selbst in seinem Brief an mich berichtete, gehörte sein Geburtsjahr 1940 zu einem der schwierigsten Jahre, da auch die griechische Bevölkerung stark unter den Einwirkungen des Zweiten Weltkrieges litt. So befand sich auch der Vater meines Großvaters als Soldat zu dieser Zeit in den albanischen Gebirgsketten, wo die Italiener versuchten, nach Griechenland einzudringen. Die Mutter meines Großvaters erzählte ihm im Nachhinein, wie schwierig die Jahre 1940-1944 für sie waren und wie viele Entbehrungen sie erlitten, bis die deutsche Besatzung wieder abzog.

Mein Großvater Konstantin war der Erstgeborene und später folgten noch zwei jüngere Brüder. Der 5 Jahre jüngere Panagiotis und sein ca. 10 Jahre jüngerer Bruder Thomas. Da die Familie meines Großvaters arm war, sah sich Konstantins Mutter damals gezwungen, in einer Fabrik zu arbeiteten, in welcher Nähgarn hergestellt wurde, weil das Einkommen des Vaters, der Schuhmacher war, nicht ausreichte. Wie ich bereits im vorherigen Kapitel (siehe: 2.2 Bürgerkrieg in Griechenland von 1946 bis 1949 und seine Folgen bis 1967) erwähnt hatte, waren die Großeltern von meinem Opa aus Konstantinopel vertrieben worden und als „griechische Flüchtlinge" über die Insel Limnos nach Nordgriechenland gelangt. Konstantin erzählte mir sogar, dass es Zeiten gab, in denen er und seine Familie nicht einmal warme Schuhe für den bitteren Winter besaßen, da das Geld nicht ausreichte.

Konstantin kam mit sechs Jahren in die Grundschule, in einer Zeit, die noch schwieriger als die Zeit der deutschen Besatzung war, da die Bevölkerung in dieser Zeit stark unter den Folgen des Bürgerkriegs litt. Mein Großvater erzählte mir sogar: „Wir waren froh, dass wir als Kinder überhaupt ein Stück Brot auf dem Tisch hatten. Es gab weder Spielsachen noch Bücher. Wir begnügten uns mit dem, was wir auf der Straße fanden und machten unser eigenes Spielzeug". Er sei aber nicht besonders traurig darüber gewesen, da er nicht der Einzige gewesen war, sondern sich alle Kinder in der gleichen Situation befanden. Mein Großvater erinnert sich heute noch daran, dass viele junge Männer in diesen Bürgerkriegsjahren umgekommen oder verschwunden waren, Schulen, Häuser und Fabriken in Brand gesetzt wurden und Nahrungsmittel sehr knapp waren. Die Schäden, die der Bürgerkrieg in Griechenland angerichtet hatte, waren für die Bevölkerung katastrophal gewesen und hatten das alltägliche Leben des einfachen Bürgers an die Grenze des Ertragbaren gebracht.

*Mein Großvater als
10-Jähriger (links)
und als 18 Jähriger
Quelle: aus dem
Familien-Fotoarchiv*

Während der Schulzeit zeichnete sich sehr früh ab, dass der kleine Konstantin in allem seinen Gleichaltrigen voraus war und seine Gedanken, Denkansätze und Sichtweisen eher denen von einigen Jahren älteren Kindern entsprachen. Seine Mutter erkannte schon sehr früh sein außergewöhnliches Talent und versuchte ihn, wenigstens moralisch zu unterstützen, da es finanziell keine Möglichkeiten dafür gab. Im Gegensatz zu Konstantins Vater, der aus seinem Sohn einen Schuhmacher machen wollte, kämpfte seine Mutter für ein besseres Leben, das Konstantin mit seinen überdurchschnittlichen Fähigkeiten und Talenten verdient hatte. Unter Tränen in den Augen erzählte mir mein Großvater, dass er eines Tages von seinem Vater in die Schuhmacherei geholt wurde und ihm eine weiße Schürze angezogen wurde, um den Beruf des Schuhmachers zu erlernen. Kurz danach sei seine Mutter erbost in die Schuhmacherei gestürmt und habe ihm die Schürze kraftvoll über den Kopf gezogen und zu ihrem Ehemann gesagt: „Dieses Kind ist nicht dafür gemacht, um Schuhe herzustellen, es ist für etwas Besseres und Höheres bestimmt!" Mein Großvater erklärte mir, dass er seiner Mutter sein ganzes Leben dafür dankbar gewesen sei, dass sie ihn stets als Kind so sehr unterstützt hatte und er sie dafür über alles geliebt und respektiert hatte. Dadurch hatte er natürlich ein viel besseres Verhältnis zu seiner Mutter als zu seinem Vater gehabt, die stets großes Verständnis für seinen außergewöhnlichen Charakter und sein frühes rebellisches Wesen zeigte, was sich besonders während der Schulzeit herauskristallisieren sollte. Konstantin berichtete auch, dass er von allen „das Wunderkind von Naoussa" genannt wurde, und dass die Leute auf ihn zeigten, wenn er auf der Straße vorbeikam. Dies erfüllte ihn natürlich mit Stolz und stellte meinen Großvater auch damals als Kind zufrieden, sodass er die Armut um sich herum anfangs nicht als allzu negativ wahrnahm. Er erzählte mir, dass er schon als Kind sehr stolz war und es nicht ertragen konnte, dass andere Kinder, besonders wenn sie aus reicheren und akademischen Familien stammten, besser waren als er. Es habe ihn immer angespornt und motiviert besser zu sein als diese Kinder, weil er es nicht akzeptieren konnte, dass ihn die Armut, in die er hineingeboren war, benachteiligte.

Da er bereits als Kind stets einen wahnsinnigen Durst verspürte Neues zu lernen, las er alles, was ihm zwischen die Finger kam und studierte es von Anfang bis Ende. Alle Kinder respektierten meinen Großvater, der stets der Anführer war und den alle um Rat und Hilfe baten, wenn es um irgendwelche Problemlösungen oder um die Hausaufgaben ging. Paradoxerweise hatte die Armut, in der Konstantin aufwuchs, auch gewissermaßen positive Auswirkungen auf seine schulische Laufbahn. Da sich seine Familie des Öfteren die Bücher für das kommende Schuljahr nicht leisten konnte, kam es dazu, dass Konstantin sich teilweise die Schulbücher seiner Klassenkameraden zu Anfang des Schuljahres ausleihen musste, um sich den Lernstoff für das anstehende Schuljahr einzuprägen. Glücklicherweise kam meinem Großvater an dieser Stelle sein Talent zu Gute und er machte, wie so immer in seinem Leben, aus der Not eine Tugend. Wie er selbst berichtete, genügte es ihm, sich den Lernstoff einmal durchzulesen, dann konnte er ihn bereits fehlerfrei wiedergeben. Er verfügte interessanterweise über ein sogenanntes fotografisches Gedächtnis, sodass ihm das

Lernen an sich und das Auswendiglernen sehr leicht fiel. Nicht selten passierte es, dass sich Konstantin sogar im Schulunterricht langweilte, weil er bereits den ganzen Lernstoff auswendig kannte. Konstantin erzählte mir auch, dass er im Unterricht stets kritische Äußerungen von sich gab, Analysen und Hypothesen erstellte, die sogar seine Lehrer erstaunten. Alles das geschah, ohne äußere Unterstützung und ohne familiäre Anreize, wie es heute oft der Fall ist. Ich habe oft mit meiner Mutter über meinen Großvater gesprochen und sie erklärte mir, dass Konstantin in der damaligen Zeit zu der Art von Kindern gehörte, die man heutzutage eher als *hochbegabt* bzw. *überdurchschnittlich intelligent* mit einem hohen Maß an sozialer Kompetenz bezeichnen würde. Durch seine seltene Gabe absolvierte er mit Leichtigkeit die Gymnasialklassen und war stets mit Abstand Jahrgangsbester. Nicht selten stand er in der lokalen Zeitung, weil seine Aufsätze nicht nur die Aufmerksamkeit der Lehrer der hiesigen Schule auf sich zogen. Ziel meines Großvaters war es gewesen, sein Abitur mit einem guten Abschluss zu bestehen und endlich studieren zu können, was damals nur wenigen vergönnt war.

Doch Konstantins Begabung hatte auch eine Kehrseite der Medaille. Er erzählte mir im letzten Sommer, dass seine Mutter oft zum Schulleiter gerufen wurde, weil er nicht nur seinen Lehrern widersprochen hatte, sondern sich auch mit ihnen oder dem Direktor selbst angelegt hatte. Mein Großvater verachtete den autoritären Stil der Lehrer und konnte auch nicht akzeptieren, ihnen gegenüber grundlos gehorsam sein zu müssen. Er war schon damals als Freidenker bekannt gewesen, der sich für Gleichheit und Gerechtigkeit einsetzte und Ungerechtigkeiten in keiner Weise tolerierte. Er erzählte mir, dass es ihm immer wichtig gewesen sei, nicht nur gut zu sein, sondern in gleichem Maße auch Gutes zu tun. Er half gerne den alten Leuten und setzte sich vehement für Schwächere ein. So kam es auch, dass er in seinem jugendlichen Leichtsinn und Idealismus, Dinge in der Schule tat, die verboten waren und ihm Disziplinarmaßnahmen mit schwerwiegenden Folgen einbrachten. So kam es, dass mein Großvater des Öfteren den schwächeren Schülern in seiner Klasse half, indem er einige Klausuren für sie schrieb. Da er selbst immer gute Noten hatte, konnte er es sich leisten, auch mal eine schlechte einzukassieren und so schrieb er zum Beispiel den Namen des Mitschülers auf seinen Klausurbogen und der Schüler den meines Großvaters auf seinen. Natürlich durchblickten die Lehrer in kürzester Zeit diesen Betrug und zitierten ihn und seine Mutter zu sich. Dieser jugendliche Leichtsinn und Altruismus kosteten Konstantin am Ende einen Verweis von der Schule und es wurde ihm auch verweigert, an irgendeinem anderen Gymnasium sein Abitur zu absolvieren. Somit konnte mein Großvater kein Abitur machen und auch an keiner Universität studieren, obwohl gerade er alle Voraussetzungen und Kompetenzen dafür gehabt hätte.

Als mein Großvater dann nach etwa acht Jahren nach seinem Offiziersdienst in Deutschland eintraf, hinderte ihn sein fehlendes Abitur daran, in Heidelberg zu studieren. Sein Traum war es gewesen, Philosophie oder Theologie zu studieren, weil er sich immer schon für philosophische Fragen und die Antike interessiert hatte. Immer wenn wir unseren Großvater in Griechenland besuchen, rezitiert er heute noch mit Stolz lateinische und altgriechische Weisheiten. Einer seiner Lieblingsautoren ist heute noch Homer, den er von Zeit zu Zeit immer noch gerne auf Altgriechisch liest. Obwohl er nicht das erreichen konnte, was er sich sein ganzes vorheriges Leben lang gewünscht hatte, gab er nicht auf und versuchte in Deutschland einen Weg zu finden, um seinen Traum zu verwirklichen. So musste er zwar zunächst auf akademische Berufe verzichten und als Arbeiter in Fabriken arbeiten aber als Autodidakt brachte er es schließlich so weit, als anerkannter Dolmetscher/Übersetzer für griechische und deutsche Sprache an bekannten deutschen Konzernen zu arbeiten. [1]

2.2 Bürgerkrieg in Griechenland von 1946 bis 1949 und seine Folgen bis 196

Vom März 1946 bis zum 9. Oktober 1949, also etwa drei Jahre lang, wurde Griechenland durch einen Bürgerkrieg sozio-ökonomisch an den Rand des Ruins getrieben. Einen genau definierten Anfang des Bürgerkrieges gab es nicht, da es zuvor bereits zahlreiche Angriffe kommunistischer Aufständischer auf staatliche Einrichtungen gab. Darunter waren unter anderem Polizeistationen und Militärstützpunkte. Der Bürgerkrieg an sich begann

---

1 Interview mit meinem Großvater und meiner Mutter am 26.02.2019

erst, als der genannte vor sich hin schwelende Konflikt zwischen Linken und Rechten eskalierte.[2]

Einer der primären Auslöser des Bürgerkriegs war ein Konflikt zwischen der Demokratischen Armee Griechenlands (DSE), die von den ebenfalls kommunistischen Balkanstaaten Bulgarien, Albanien und Jugoslawien logistisch unterstützt wurde, und der konservativen Regierung Griechenlands, die wiederum von den Großmächten Großbritannien (von 1946 bis 1947) und den USA (ab März 1947) militärisch unterstützt wurde.

2 Vgl. www.kommunismusgeschichte.de (Die KKE und der Bürgerkrieg in Griechenland), aufgerufen am 06.01.2019

Die kommunistische Partei Griechenlands (KKE), der auch die DSE angehörte, hatte sich während der Besetzung durch Nazi-Deutschland zu einer Massenpartei entwickelt und war zugleich auch der Hauptträger des Widerstands gegen die griechischen Konservativen und Monarchisten geworden.

Die KKE als kommunistische Partei passte sich auch den „Standards" des stalinistischen Osteuropas an. Innerhalb des „Befreiten Territoriums" im gebirgigen Hinterland Griechenlands, das die KKE bereits unter ihre Herrschaft gebracht hatte, gab es auch Entwicklungen, die sich in fast allen anderen kommunistischen Ländern abspielten.[3]

Dazu gehörte insbesondere die Verfolgung politischer und ideologischer Kontrahenten, dies jedoch dermaßen ausgeprägt, dass die Verfolgung sogar in den eigenen Reihen der Fall war. Die Folgen des Bürgerkrieges waren fatal: Griechenland war innerlich zerstritten und hatte kein „Gerüst" mehr, zudem erstrecke sich die Verwüstung über Hunderte km^2 hinweg. Die Bevölkerung litt jedoch am meisten an seinen Folgen. Neben Hunger litten die Menschen auch an extremer Armut und Arbeitslosigkeit.[4]

Unter diesen Umständen litt auch mein Großvater, der 1940 geboren wurde. Seine Familie war bereits vor dem Bürgerkrieg nicht allzu wohlhabend gewesen, weil seine Eltern Anfang des 20. Jahrhunderts aus Konstantinopel

---

3 www.kommunismusgeschichte.de (Die KKE und der Bürgerkrieg in Griechenland), aufgerufen am 06.01.2019
4 Vgl. www.kommunismusgeschichte.de (Die KKE und der Bürgerkrieg in Griechenland), aufgerufen am 06.01.2019

auf der Kleinasiatischen Küste von Atatürk vertrieben worden waren, alles Hab und Gut zurücklassen mussten und tragischer weise selbst als griechische Flüchtlinge nach Griechenland flüchten mussten. Die Familie meines Großvaters hatte es dadurch während und nach dem Bürgerkrieg sehr schwer und darüber hinaus hatte mein Opa noch zwei Geschwister, um die auch noch gesorgt werden musste.

Mein Großvater erzählte mir darüber hinaus, dass es teilweise Zeiten gab, in denen Konstantins Familie nicht einmal das nötige Geld hatte, um im Winter Schuhe zu kaufen, und dass er sich, obwohl er einer der besten Schüler war, keine Schulbücher oder ähnliches leisten konnte. Die einzige Alternative: Mein Großvater war gezwungen, sich die Schulbücher für das kommende Jahr von den wohlhabenderen Kindern auszuleihen, um den Stoff darin so gut wie möglich auswendig zu lernen. So machte Konstantin aus der Not eine Tugend und wurde zum Überflieger der ganzen Schule. Bereits zu Beginn des Schuljahrs kannte er den gesamten Schulstoff in allen Fächern auswendig.

Vielleicht lenkte ihn das Lernen auch von den familiären Problemen ab, da er sich auf etwas konzentrieren musste, das ihn innerlich erfüllte und seinen Wissensdurst stillte. In diesem Bereich bin ich meinem Großvater sehr ähnlich. Mein Großvater war bekannt für seinen übertriebenen Gerechtigkeitssinn und legte sich ständig mit dem Direktor der Schule und den Lehrern an, wenn er das, was sie sagten oder forderten, nicht als gerecht anerkannte. Genetisch scheine ich von ihm den wahnsinnigen Wissensdurst geerbt zu haben, da ich mich selbst für vieles interessiere und den Dingen immer sofort auf den Grund gehen möchte.

Doch auch als Konstantin erwachsen geworden war und er aufgrund seiner guten Leistungen Offizier wurde, war Griechenland politisch und wirtschaftlich immer noch instabil, obwohl der Bürgerkrieg bereits seit mehr als 15 Jahren vorbei war. Hinzu kam, dass es weiterhin wenig bis keine Arbeitsplätze gab und von Zukunftsaussichten für junge Menschen gar nicht zu sprechen war. Und so kam es, dass besonders viele junge Männer, wie mein Großvater auch, sich gezwungen sahen, ihr geliebtes Vaterland zu verlassen, um sich auf die Suche nach einer neuen Heimat zu begeben, in der sie sich eine neue und vor allem bessere Zukunft erhofften. [5]

2.3 Die griechische Diktatur unter Georgios Papadopulos April 1967–Juni 1974

Die durch die Militärdiktatur bedingte politisch- wirtschaftliche Situation Griechenlands veranlasste nicht nur meinen Großvater, sondern auch unzählige andere junge Männer dazu, ihre Heimat zu verlassen und eine bessere Zukunft im Ausland zu suchen.

---

5 Vgl. Interview mit meinem Großvater Konstantin Kapnistis

Konstantin als
21-jähriger Offizier
Quelle: Familien-
Fotoarchiv

Da mein Opa ab 1961, zu dieser Zeit war er 21 Jahre alt, im griechischen Militär als Offizier diente, ahnte er bereits, dass ein radikaler politischer Umbruch unmittelbar bevorstand. Der Grund für seinen Verdacht: durch seine Position hatte er Zugriff auf interne Informationen der aktuellen politischen Lage. Aufgrund dessen entschloss sich mein Großvater, der bereits als Schüler seinen „eigenen Kopf" hatte und ein absoluter Freidenker war, rechtzeitig dafür seine Heimat zu verlassen, um seine Träume, die in Griechenland nicht mehr zu realisieren waren, in Deutschland zu verwirklichen.

Vom April 1967 bis zum Juni 1974 wurde Griechenland von einem Militär-Regime regiert, dessen Führer Georgios Papadopulos war.

Die Diktatur kam durch einen Putsch einer „kleinen Verschwörungsgruppe", die von Oberst Papadopulos, Generalleutnant Pattakos und dem ebenfalls mächtigen Oberst Makarezos initiiert wurde, zustande. Sie wurden jedoch vom Militär unterstützt und führten den Staatsstreich lediglich an. Pattakos und Papadopulos wurden zu den Führern Griechenlands, wobei Papadopulos der eigentliche Diktator war und Pattakos eher im Hintergrund blieb.

Nun zu den Hintergründen des Putsches: Die eben genannten Putschisten begründeten ihr Handeln damit, dass sie verhindern wollten, Griechenland unter kommunistische Herrschaft kommen zu lassen. Zudem versprachen sie, dass das von den Bürgern eher kritisch betrachtete Militärregime lediglich für eine kurze Übergangsphase bleibe, danach würde wieder Normalität einkehren. Das Resultat: Statt einer *kurzen Übergangsphase* herrschte das Regime ganze sieben Jahre über Griechenland! Eine Zeit, deren Verbrechen und Unmenschlichkeit nicht in Worte zu fassen sind. Neben der Verfolgung der Kommunisten kamen noch die Aussetzung mehrerer Verfassungsartikel, die Zensur von Zeitungen, Folterung von Oppositionellen, vor allem Kommunisten, und sogar die Deportation auf die Insel Gyaros hinzu, auf welcher 6500 Menschen, von denen circa ein Drittel über fünfzig Jahre alt war, auf 19 km^2 zusammengepfercht wurden. Gyaros war lediglich von Ratten bewohnt und durch hohe Wellen, die sich an den Felsen brachen, sowie starken, kalten Winden (eigentlich) unbewohnbar. Die minimale Versorgung mit Nahrung ließ bereits darauf schließen, dass es nicht im Interesse von Georgios Papadopulos stand, sie alle wieder lebendig aus dem Lager zu

entlassen. Die Trinkwasserversorgung verlief über Tank-
schiffe, wobei bei dem Wasser nicht die Rede von Trink-
wasser sein konnte; es war schmutzig und voller Bakte-
rien! Doch in Anbetracht ihres Status quo sahen sich die
Häftlinge wohl gezwungen das Wasser zu trinken. Darüber hinaus verkündete Generalleutnant Pattakos: „Wer
sich weigert, die Reueerklärung zu unterzeichnen, wird
das Lager nur als faulender Kadaver verlassen.“ Dies ließ
die Häftlinge, welche sich wehrten, die Reueerklärung
zu unterzeichnen, sehr wahrscheinlich umdenken. Ebenfalls erwähnenswert ist, dass sowohl Parteien als auch
die Versammlung von mehr als drei Personen verboten
wurden. Wurden die Forderungen nicht eingehalten, so
würde sofort und ohne Vorwarnung geschossen, hieß es
im Radio, welches, wie so oft während Diktaturen, als
Propagandamittel genutzt wurde.

Der Putsch wurde in der Nacht vom 20. auf den 21.
April 1967 durchgeführt. Um kurz nach ein Uhr morgens
rückten Panzer und Spezialeinheiten aus den Kasernen
aus und überraschten so ganz Athen im Schlaf. Die wenigen Bürger, die sich zu dieser späten Stunde noch auf
der Straße aufhielten, wurden von den zahlreichen Soldaten in voller Montur nicht allzu höflich dazu aufge-
fordert, ihre Häuser aufzusuchen oder schlicht zu verschwinden. Es gab in der ereignisreichen Nacht vom 20.
auf den 21. April 1967 zudem eine „Verhaftungswelle“,
welche sich mehrere Tage lang über Griechenland da-
hinzog. Die Gefangenenzahl umfasste am Ende 8000
Menschen unterschiedlichster Gesellschaftsschichten.
Die Prominenten unter ihnen wurden in Hotels untergebracht, wo sie zwar keinen Luxus erfuhren, aber sich
sicher sein konnten, dass die Bedingungen nicht allzu

miserabel sein würden. „Normale" Häftlinge wurden im Gegensatz dazu überhaupt nicht komfortabel untergebracht: die Fußballstadien der Athener Vororte Karaiskakis und Nea Filadelfia sowie die Pferderennbahn von Faliron wurden zu überfüllten Massengefängnissen für die zahlreichen Gefangenen umfunktioniert.

Es gab jedoch eine Ausnahme: die Verhaftung der über 80-jährigen Frau Maria Svolos: Da sie EDA-Abgeordnete war (EDA bedeutet auf Deutsch so viel wie Vereinigung der Demokratischen Linken), klopften Soldaten frühmorgens an ihre Tür. Trotz ihres hohen Alters und der damit einhergehenden eingeschränkten Bewegungsmöglichleiten öffnete sie die Tür, und als der junge Leutnant sie erblickte sagte er beschämt und zu Boden blickend zu ihr: „Sie sind festgenommen. Machen sie sich fertig und folgen sie uns." Die alte Dame reagierte in ihrem Temperament und in ihrer Würde jedoch anders als erwartet: sie hob ihren Krückstock und schrie die Soldaten an, gefälligst zu verschwinden. Die Aktion war wirkungsvoll, da die Männer ihr Haus sofort verließen. Ein Zeichen dafür, dass auch in Zeiten wie diesen noch Menschlichkeit in Personen existiert, von denen man diese nicht erwarten würde.

Die politische Führung fühlte sich aber hintergangen, denn der Putsch richtete sich gegen sie. Für mich persönlich wäre es unfassbar, würde sich das Militär, also eine Instanz, die eigentlich für Sicherheit im eigenen Land sorgt, gegen die Bürger stellen. Ein totaler Vertrauensbruch. Nach einigen Stunden, etwa um 2.30 Uhr morgens, hatte das Militär Athen in seiner Gewalt. Der Codename des Planes, den sie ausführten, lautete „Prometheus". Das unglaubliche daran ist, dass dieser Plan eigentlich erst ausgeführt werden sollte, wenn ein kommunistischer Aufstand oder eine sowjetische Invasion der Fall sein sollten, nicht, weil das Militär verhindern möchte, dass Griechenland kommunistisch wird. 122 Panzer, etwa 50 gepanzerte Fahrzeuge sowie 200 Autos, die bei den zwei genannten Szenarien zum Einsatz kommen würden, bewegten sich auf strategisch wichtige Gebäude zu, wie etwa das Verteidigungsministerium, den Königspalast oder das Parlament.

In Folge dessen wurden der Premierminister und prominente Politiker und Parlamentarier noch in ihren Häusern verhaftet! Viereinhalb Stunden nach der Durchführung des Putsches, also um sieben Uhr morgens, vereidigte der König Griechenlands, Konstantin der II, widerwillig die neue „Regierung", deren Abgeordnete aufgrund der Diktatur nicht wie üblich vom Volk gewählt, sondern nach Georgios Papadopulos Belieben ausgewählt wurden. Ab diesem Tag begann die siebenjährige Militärdiktatur Griechenlands unter Papadopulos.[6]

2.4 DIE WIRTSCHAFTLICHE SITUATION IN DEUTSCHLAND IN DEN 50ER UND 60ER JAHREN

Nach dem Zweiten Weltkrieg wuchs die Wirtschaft in Deutschland so rasant wie noch niemals zuvor an. Die Gründe waren zum einen, dass die deutsche Industrie

---

6 Verwendete Quellen: Spiegel Online, aufgerufen am 27.10.2018

zu dieser Zeit viel auf den Export von eigener Ware ins Ausland setzte und zum anderen, dass vor allem arbeitsintensive Bereiche ausgeweitet wurden, wodurch auch mehr Arbeitsplätze entstanden.

Doch die neu geschaffenen Arbeitsplätze wurden nicht alle besetzt, bzw. sie konnten nicht besetzt werden. Dies lag daran, dass, als die Bundeswehr im Jahre 1955 gegründet wurde, etwa 500.000 junge Männer eingezogen wurden und ohnehin war die Nachkriegsgeneration sehr geburtsschwach. Aus diesen und anderen Gründen sank die Anzahl der Deutschen, die beruflich aktiv waren, innerhalb von 12 Jahren um 2,3 Millionen. Zudem überstieg 1960 die Zahl der offenen Stellen erstmals die Anzahl der Arbeitslosen; ein ziemliches Desaster!

Dieses Defizit an Arbeitskräften musste natürlich gedeckt werden, und so begann Deutschland bereits in den 1950er Jahren, Arbeitskräfte aus dem Ausland anzuwerben. Zu dieser Zeit war die Arbeitslosigkeit nämlich noch nicht allzu hoch, Deutschland wollte jedoch Präventivmaßnahmen ergreifen, da der baldige Mangel an einheimischen Arbeitskräften sich schon andeutete. Mit Italien wurden 1955, mit Spanien und Griechenland 1960, mit der Türkei 1961 und mit Portugal 1964 Verträge zur Anwerbung und Vermittlung von männlichen und weiblichen Arbeitskräften geschlossen.[7]

Die Anwerbung ausländischer Arbeitskräfte kam vor allem Ländern im Mittelmeerraum zugute, zu denen auch Griechenland gehörte, aus dem mein Großvater letztlich nach Deutschland emigrierte. Die Gründe dafür waren, dass zum Beispiel ein Überangebot an Arbeitskräften in diesen Ländern herrschte, ganz im Gegensatz zu Deutschland.

Im Unterschied zu Ländern wie der Türkei oder Süditalien gehörte Griechenland neben Portugal zu den „Schwellenländern". Dies bedeutete, dass sowohl Griechenland als auch Portugal „Entwicklungsländer mit einem verhältnismäßig fortgeschrittenen Entwicklungsstandard"[8] waren und somit an der „Schwelle" zu der Industrialisierung standen. [9]

---

7 https://www.hdg.de/lemo/kapitel/geteiltes-deutschland-modernisierung/bundesrepublik-im-wandel/gastarbeiter.html, aufgerufen am 29.1.2019; vgl. auch Mathilde Jamin: Fremde Heimat; Motte, Jan/Ohliger, Rainer/von Oswald, Anne: „50 Jahre Bundesrepublik – 50 Jahre Einwanderung", Frankfurt/Main 1998, S. 164
8 Zitat: Bundesministerium für wirtschaftliche Zusammenarbeit https://www.bmz.de/de/laender_regionen/schwellenlaender/index.html
9 Vgl.: Informationen zur politischen Bildung Nr. 237, Bonn 4. Quartal 1992, Seite 4

Und wegen ebendiesem Überschuss an Arbeitskräften lohnte es sich, sie ins Ausland zu schicken, wo sie knapp waren und dadurch „ganz nebenbei" die eigene Wirtschaft zu stärken. [10]

---

10 Johannes-Dieter Steinert stellte 1995 „aufgrund der Akten im Bundesarchiv und im Archiv des Auswärtigen Amtes für den Zeitraum bis 1961 fest, dass die Initiative zu diesen Abkommen von den ‚Entsendeländern' ausging." Quelle: Mathilde Jamin, Fremde Heimat, in: Motte, Jan/Ohliger, Rainer/von Oswald, Anne: „50 Jahre Bundesrepublik – 50 Jahre Einwanderung", Frankfurt/Main 1998, S. 164

3 „HOFFNUNG AUF EINE NEUE UND BESSERE ZUKUNFT" – DIE EMIGRATION VON GRIECHENLAND NACH DEUTSCHLAND

3.1 AUF DER SUCHE NACH ARBEIT UND FINANZIELLER SICHERHEIT

Nach dem griechischen Bürgerkrieg (siehe Punkt 2.2 „Bürgerkrieg in Griechenland von 1946 bis 1949 und seine Folgen bis 1967") herrschte in Griechenland eine große wirtschaftliche Krise. Es mangelte grundlegend an Arbeitsplätzen, da viele Männer entweder im Krieg gestorben waren oder aufgrund von Verletzungen arbeitsunfähig waren oder in kommunistisch regierte Nachbarländer fliehen mussten. Der Grund hierfür war, dass viele junge Männer, die auf der Seite der Kommunisten gekämpft hatten, Griechenland verlassen mussten, da sie ansonsten vor ein Kriegsgericht gestellt worden wären.

Obwohl mein Großvater vier Jahre vor dem Ausbruch des Bürgerkriegs geboren wurde, waren die Folgen noch zwanzig Jahre später spürbar. So stand mein Opa Konstantin ebenfalls, wie viele andere junge Menschen auch, vor dem Problem, eine Arbeit zu finden, die ihm finanzielle Sicherheit geben würde, denn Griechenland wurde zu dieser Zeit sehr stark von Armut geprägt.

Aus hauptsächlich diesen und einigen anderen Gründen entschloss sich mein Großvater, die lange Reise nach Deutschland anzutreten, was nicht nur ihm so viel Hoffnung gab und eine Lösung zu sein schien, den Problemen der Heimat zu entfliehen.[11]

3.2 DIE REISE VON DER HEIMAT IN DIE FREMDE – ERLEBNISSE UND GEDANKEN

Die Reise meines Großvaters begann mit einer etwa 70 Kilometer langen Reisebusfahrt von seiner Heimatstadt Naoussa in das besser mit dem Fernverkehr verbundene Thessaloniki. Anschließend stieg er dort in einen Zug, mit dem er über den Balkan (Ex-Jugoslawien, Kroatien, Albanien, Bosnien, etc.) nach Österreich und schließlich nach Deutschland fuhr.

Da mein Großvater in Griechenland nicht die Chance hatte zu studieren, war eines seiner Hauptziele in Deutschland, sich an einer Universität zu immatrikulieren. So kam es, dass mein Opa in Heidelberg ausstieg, da es dort eine gute Universität gab. Doch zunächst musste er sich eine Arbeit suchen.

Nach nicht allzu langer Zeit begann Konstantin bei der Chemie-Fabrik *Peroson* zu arbeiten. Später versuchte mein Großvater sich an der Heidelberger Universität zu immatrikulieren. In Griechenland hatte Konstantin jedoch keine Erlaubnis gehabt, sein Abitur zu absolvie-

---

11 Vgl. Interview mit meinem Großvater Konstantin Kapnistis.

ren und so kam es, dass er nicht an der Universität aufgenommen wurde.[12]

Nun werde ich basierend auf dem Inhalt mehrerer Briefe meines Großvaters den Verlauf seiner Zugreise beginnend in Jugoslawien schildern:

Der Zug pfiff dreimal, ununterbrochen. „Wir betreten jetzt Jugoslawien"[13], flüsterte der Gegenüber meines Großvaters im Zug ihm zu. Er war so alt, wie mein Opa und heiß *Prodromos* stammte, wie mein Großvater Kons-

---

12 Siehe Punkt 2.1: „Die Biografie meines Opas Konstantin Kapnistis aus Nord Griechenland"
13 Zitat aus den Briefen meines Großvaters Konstantin Kapnistis vom 23.09.2018/03.10.2018

tantin auch, aus einem Ort, dem Verwaltungskreis *Emathias*. Wie viele junge Männer zu dieser Zeit, reiste auch *Prodromos* nach Deutschland, in der Hoffnung, dort Arbeit zu finden, um dort so ein neues, besseres Leben führen zu können. Dass im Zug eine trübe, bedrückende Stimmung herrschte, wird noch einmal klar, als Konstantin in seinem Brief schildert, dass er und *Prodromos* während der bisherigen Zugfahrt nicht allzu viel miteinander gesprochen hatten. Die einzigen Themen, über die sie sich unterhalten hatten, waren, dass sie sich gegenseitig vorgestellt hatten und sich erzählten, woher sie jeweils stammten. Mein Großvater wurde darüber hinaus von einem tiefen und unangenehmen Gefühl begleitet, dass ihn ab dem Beginn der Zugfahrt quälte. „Auch heute", so schreibt er, „trage ich dieses plagende Gefühl noch in mir".[14] Doch nicht nur mein Großvater empfand solch ein Gefühl: „Auch wenn mein Reisegefährte etwas gesprächiger war als ich, so merkte man auch ihn an, dass ihn etwas innerlich quälte."[15] So heißt es des Weiteren in dem Brief. Auch ein bedrückendes Gefühl der Angst war immer zu verspüren. Dies wird offensichtlich, als mein Großvater im Brief schreibt, dass er „Viel Glück" zu *Prodromos* gesagt hatte, aber sich unsicher war, ob er es zu ihm gesagt hatte oder, um sich selbst zu ermutigen. Ab diesem Moment begann eine Kommunikationsstille zwischen Konstantin und Prodromos. „Prodromos sprach kein Wort mehr und so starrten unsere Blicke auf die Felder und Bäume, die aus dem Zug heraus so erschie-

---

14 ebenda
15 ebenda

nen, als ob sie eilig an einem vorbeizogen."[16], erinnert sich mein Großvater in dem Brief. Plötzlich brach der Reisegefährte meines Opas die Stille: „Reisen wir oder reisen die Felder?"[17], fragte er scherzend. Doch all diese wild durcheinander gewürfelten Gefühle in Konstantin hinderten ihn daran, zu lachen oder lediglich positive, erleichternde Gefühle zu empfinden. Er schreibt zudem, dass diese Gefühle in ihm „Explodierten". Er wollte weinen, schreien, sich mit jemandem streiten oder jemanden für all das beschuldigen, was passiert war. Er wollte einfach sprechen, sprechen über das, was ihn quälte, über seine Probleme und vieles mehr. Und nun? Mein Großvater erhob sich von seinem Sitzplatz und bat Prodromos auf seinen Platz aufzupassen, während er zur Toilette gehe. Draußen, im Korridor des Zuges, standen viele junge Männer, deren Gesichter sonnengebrannt waren, woran man erkannte, dass es sich bei ihnen um Landarbeiter handelte. Konstantin gab dieser Anblick vielleicht etwas Mut, da er nun sah, dass er sein ungewisses Schicksal mit vielen anderen jungen Männern teilte: sie hatten allesamt ihre Heimat verlassen, um in Deutschland ihr neues Glück zu suchen.

Als er zu seinem Sitzplatz zurückgekehrt war, bemerkte Konstantin, dass auch sein Reisegefährte sich verändert hatte. Er war ebenfalls tief in seine Gedanken versunken und in sich gekehrt. „Prodromos, ich glaube, dass wir langsam anfangen müssen, zu akzeptieren, dass

---

16 ebenda
17 ebenda

wir unser Vaterland zurückgelassen haben."[18] So begann mein Großvater zu versuchen, seine und damit auch die Zukunft unzähliger anderer Männer anzunehmen und nicht mehr abzulehnen. „Du hast Recht, Kosta"[19], bestätigte ihn Prodromos. „Unser Vaterland hat uns verjagt, also werden wir unser Vaterland auch verjagen."[20] Sagte Prodromos. Konstantin fragte ihn darauf etwas entsetzt: „Prodromos, willst du damit sagen, dass wir unsere Heimat vergessen sollen?!"[21] Prodromos antwortete ihm nicht. „Wir sollten noch keine großen Worte sprechen, lass uns zunächst sehen, was uns in Deutschland erwartet. Und noch wichtiger ist, dass man sein Vaterland nicht so einfach vergisst. Erinnere dich", fuhr Konstantin fort, „an die Odyssee und an Odysseus. Nach so vielen glorreichen Taten und auch Leiden, war der einzige Wunsch, den er hegte, nach Hause zu gelangen."[22] Und wieder wurde er von Prodromos bestätigt: „Ja, du hast Recht, aber Odysseus kämpfte, um in ein Königreich, und zwar in sein eigenes, zurückzukehren. Dort wo ihn seine Ehefrau, die Königin, und sein Sohn, Ptolemäus der Prinz, und sein Reichtum ihn erwarteten. Wer wartet auf uns? Wohin gehen wir?"[23] Diese Frage von Prodromos beweist ihre Ungewissheit noch einmal und, dass die beiden nicht einmal wirklich wissen, was genau sie in der Fremde erwartet.

---

18 ebenda
19 ebenda
20 ebenda
21 ebenda
22 ebenda
23 ebenda

Es kehrte für einige Minuten Stille ein. Dann drehte Prodromos sich um und schaute mich an. Sein Gesicht machte auf einmal einen zuversichtlichen Eindruck und er sagte: „Wir gehen, um zu arbeiten. Wir werden etwas Geld verdienen und dann in die Heimat zurückkehren."[24] Auch ein möglicher Weg Probleme handzuhaben, ist ihre Relevanz zu verdrängen und sie euphemistisch klingen zu lassen, wie Prodromos es tut. Beide wussten natürlich, dass dies nicht so einfach und schnell gehen würde, wie Prodromos sagte. „All diese Menschen, die den Zug so erstickend füllen, haben sicherlich den gleichen Traum"[25], dachte sich Konstantin. „Doch plötzlich wurde in mir ein Wasserfall an Gefühlen und Erinnerungen losgetreten. Ich steckte meine Hand in meine Jackentasche und holte den letzten Brief heraus, den **sie** mir geschickt hatte."[26] So formuliert mein Großvater seine Erinnerungen poetisch. „Wird sie auf mich warten?", fragte sich mein Großvater und las den Brief erneut. „Ich arbeite in einer Fabrik für Kleidung"[27], schrieb sie. „Wenn du nach Deutschland kommst, komm mich finden! Ich werde auf dich warten."[28] Konstantin las den Brief immer und immer wieder. „Eine süße Schwäche überkam mich mit einer Menge an Erinnerungen, die in mir kreisten. „Ich werde sie finden"[29], sagte mein Großvater zu sich selbst, um Mut zu fassen inmitten dieser

---

24 ebenda
25 ebenda
26 ebenda
27 ebenda
28 ebenda
29 ebenda

abstrusen Situation. „Ich werde sie finden und mit ihr zusammen werde ich ein Leben in Deutschland beginnen! Ja, ich werde sie ganz sicher finden."[30] Es war Toula, meine zukünftige Großmutter.

Mein Großvater erinnert sich an sie als „Das junge Fräulein mit den langen blonden Haaren, in das er sich verliebt hatte."[31] Bedauerlicherweise war es den beiden jedoch nicht gelungen, in Griechenland zu heiraten, da sie beide nicht allzu viel Geld besaßen, aber es gab auch andere Gründe.

Die beiden lernten sich kennen, da mein Großvater ab seinem 21. Lebensjahr als Jungoffizier in dem Dorf diente, aus dem auch seine Geliebte stammte. Per Zufall lag dieses Dorf, es heißt Veria, auch ganz in der Nähe des Dorfes, aus dem auch Konstantin stammte, seine Heimat Naoussa. Aufgrund seiner Stationierung hatte mein Großvater ein kleines Zimmer in der Nähe von Toula. Eines Abends jedoch wollte mein Großvater nach seinem Dienst in der Kaserne zum Abendessen gehen. Genau in dem Moment, als er seine Krawatte band, sah er aus dem Fenster und durch reinen Zufall sah er einen zierlichen, blonden Engel vorbeigehen. „Ohne lange zu überlegen, machte ich ihr ein Kompliment. Sie hörte es, drehte sich um und schaute mich an. Sie hatte ein wunderschönes Gesicht und blieb genau in diesem Moment stehen."[32] So erinnert sich Konstantin an die „guten al-

---

30 ebenda
31 ebenda
32 ebenda

ten Zeiten". „Warte, ich komme runter"[33], flüsterte er. In Sekundenschnelle stürzte Konstantin die Treppen hinunter. „Wir unterhielten uns kurz und verabredeten uns für den nächsten Tag. So wurde eine große Liebe geboren. Von diesem Tag an ‚flog' ich und sie zeigte mir auch, dass sie mich liebte."[34]

Doch dann wurde mein Großvater zurück in die Realität gerissen und befand sich wieder in diesem Zug, auf der Reise in das Fremde und Ungewisse. Plötzlich kamen Konstantin seine Eltern und Geschwister in den Sinn. Und vor allem der Tag des Abschieds. Der Blick, die Tränen und die Worte seiner Mutter. Konstantin schildert auch, was für eine starke emotionale Bindung er zu seiner Mutter hatte: „Die Tränen meiner Mutter, die ich so sehr liebte und so sehr verletzt hatte. Meine Mutter, die mich gelehrt hatte, alle Menschen zu lieben."[35] Er erinnert sich auch noch an die Abschiedsworte: „Mutter, ich werde dich nie vergessen!"[36] Das sagte er seiner Mutter selbstbewusst zum Abschied. Zudem flüsterte er ihr zu: „Gedulde dich, bald werde ich wieder zu dir zurückkehren."[37] Konstantin war unruhig und unentschlossen, so stand er auf und ging in den Flur hinaus. Er blieb am Fenster stehen und wischte sich eine Träne vom Gesicht, die gerade dabei war, seine Wange hinunter zu kullern. „Geduld" sagte er sich. „Du lässt deine Mut-

---

33 ebenda
34 ebenda
35 ebenda
36 ebenda
37 ebenda

ter zurück und gehst eine Liebe finden?"[38] Diese Fragen stellte sich Konstantin und begann, an seinen Ideen und Plänen zu zweifeln.

Darauf kullerte eine zweite Träne seine Wange hinab, noch bevor Konstantin sie wegwischen konnte. Doch mein Großvater empfand die Tatsache, dass er aus Schwermut weinte, nicht als beschämend, sondern als erleichternd. „Verdammte Armut!"[39], murmelte er. „Ich habe dich nicht ernstgenommen und nun hast du mich in die Knie gezwungen. Du hast mich aber noch nicht vollständig besiegt. Ich werde dich bekämpfen. Ich fühle mich stark. Ich bin stark"[40], sprach sich Konstantin erneut Mut zu.

Plötzlich wurden Konstantins Gedanken von einer ihm bekannten Stimme unterbrochen: „Auch Sie sind auf dem Weg nach Deutschland, Herr Leutnant?"[41] Es war Georgios, der als Unteroffizier unter Konstantins Befehl gedient hatte. Die beiden umarmten sich und begannen, sich an die gemeinsame Zeit beim Militär zu erinnern; auch über die schwierigen Zeiten.

Und so verging einige Zeit, bis plötzlich Prodromos neben ihnen erschien. „Ich sehe, dass ihr euch angenehm amüsiert"[42], sagte er und zündete sich eine Zigarette an. Konstantin und Georgios unterhielten sich erheitert weiter, bis Prodromos in einem teils ernsten, teils

---

38 ebenda
39 ebenda
40 ebenda
41 ebenda
42 ebenda

ironischen Ton sagte: „Also, meine Herren Offiziere, die Worte euersgleichen waren stets großartig und voller Lob bezüglich unseres Vaterlandes Griechenland. Wir sollten es lieben, schützen und jederzeit bereit sein ‚unser Leben für es zu opfern'"[43], sagte Prodromos spöttisch, und man merkte, dass er nicht allzu viel von Offizieren oder besser gesagt von dem gesamten Militär und der Propaganda hielt. „Solange wir Kinder waren, glaubten wir alle an diese großen Worte über unsere glorreichen Urgroßväter, unsere unvergleichliche kulturelle Vergangenheit, die Sonne und den Himmel mit den samtenen Stränden. Sobald wir jedoch zu erwachsenen Männern wurden, und im realen Leben ums Überleben kämpften, welches Vaterland haben wir da erblickt? Ein Vaterland der Arbeitslosigkeit? Der Bürokratie? Der Gefälligkeiten? Ein Vaterland, welches nur den Reichen und Betrügern gegenüber wohlwollend war?"[44], kritisierte Prodromos Griechenland scharf und konfrontierte die Offiziere somit mit der Realität, an der sie angeblich Teilschuld hätten. „Schaut uns doch alle an, die wir hier im Zug reisen. Alle sind junge Menschen, Männer und Frauen, Hunderte von betrübten Menschen, würde ich sagen, ... Tausende von Träumen und Hoffnungen mit leeren Taschen, auf dem Weg in ein Land, dessen Sprache sie nicht sprechen, ohne Bekannte und geliebte Gesichter, die sie erwarten. Mit dem einzigen Hoffnungsträger, die Möglichkeit zu haben, und in gewisser Weise auch den Durst, zu arbeiten. Ist es wohl eher der Durst oder die

---

43 ebenda
44 ebenda

Notwendigkeit, eine Arbeit zu finden?"[45], fuhr Prodromos mit seinen Fragen fort. Konstantin wollte ihn erst unterbrechen, unterließ es dann jedoch, da er wusste, dass sie noch eine lange Zugfahrt vor sich hätten, und somit auch noch sehr viel Zeit, über all diese Dinge zu diskutieren. Doch Konstantin fühlte sich auch unwohl: er hatte „irgendwie das Gefühl, dass Prodromos seine Worte gegen ihn richtete, weil er als Leutnant gedient hatte"[46], schrieb mir mein Großvater.

Und so vergingen noch etliche weitere Stunden der Zugfahrt, bis Konstantin schließlich am Ende seiner Reise in Mannheim ankam, wo auch wenig später seine Geliebte eintraf.

3.3 HÖHEN UND TIEFEN IN DER NEUEN HEIMAT

1964 kam mein Großvater Konstantin, wie viele andere Gastarbeiter aus den ehemaligen Balkanländern auch, mit dem Zug in Heidelberg an. Als ich meinen Großvater fragte, warum er sich gerade für Heidelberg entschieden hatte, erklärte er mir, dass er als junger Mann in einer Zeitschrift einen Artikel mit Bildern über die deutsche Stadt Heidelberg gelesen hatte. Er war begeistert von dieser alten und traditionsreichen Universitäts-

---

45 ebenda
46 ebenda

stadt, die unter anderem auch für ihre philosophischen Fakultäten bekannt war. Wie ich bereits im vorherigen Kapitel erwähnt hatte, interessierte sich Konstantin sehr für Philosophie und Theologie und hätte auch gerne in diese Richtung an der Universität Heidelberg studiert. Aber er war auch von dem Heidelberger Schloss und seiner Pracht und Schönheit beeindruckt gewesen, dessen Geschichte er gelesen hatte, und welches er unbedingt kennenlernen wollte.

Mein Großvater in Heidelberg
Quelle: Familien-Fotoarchiv

Jedoch waren die ersten Monate in Heidelberg von Trauer, Schwermut und großen Sorgen geprägt. Alles, was ihm lieb und heilig gewesen war, hatte er hinter sich gelassen: seine Mutter, seine Brüder, seine Freunde und seine Sprache. Die einzige Freude, die er verspürte, war der Gedanke, seine Geliebte zu finden, die er in Griechenland nicht heiraten konnte. Mein Großvater erzählte mir, dass die politischen Umstände in Griechenland damals so schwierig gewesen waren, dass er als Offizier der griechischen Armee kein Mädchen heiraten konnte, dessen Vater den kommunistischen Ideen und Forderungen zustimmte. Deutschland bat damals für meinen Großvater und meine Großmutter eine Chance, um, trotz aller Hindernisse in der griechischen Heimat, heiraten zu können. Wie viele andere Griechen auch, fühlte sich Konstantin zunächst fremd in der neuen Heimat, da er weder die seltsam anmutende Sprache verstand noch die Kultur kannte. Alles war fremd und neu. Zunächst begann Konstantin, in einer Chemie Fabrik in der Nähe von Heidelberg zu arbeiten. Er hatte einen Jahresvertrag als Gastarbeiter bekommen und verdiente 2,65 Mark pro Stunde, was auch damals sehr wenig war. Noch schwieriger und unerträglicher aber war es für meinen Großvater, dass er zusammen mit vier anderen jungen Männern in einem Männerheim wohnen und sich ein kleines Zimmer teilen musste. Er erzählte mir, dass er die erste Zeit in Deutschland als die größte Erniedrigung empfunden hatte und für ihn auch am unerträglichsten war, da er zuvor mehr als sieben Jahre als Offizier gedient hatte, und eine Truppe junger Soldaten unter seinem Befehl standen. Mein Großvater erzählte mir, dass er es dort nicht lange aushielt, weil er keine einzige Minute Ruhe finden konnte, um z. B. ein Buch zu lesen. Stattdessen wurde er ständig mit den verschiedensten Konflikten seiner Mitbewohner konfrontiert. Es war nicht nur sehr schwer für Konstantin zu akzeptieren, dass er jetzt ein Niemand war, einer von Vielen, ein einfacher

Gastarbeiter, der auch so behandelt wurde. Auch in der Chemie Fabrik, in der er als ganz normaler Arbeiter an einer Maschine arbeitete ohne ein Wort Deutsch zu verstehen, wurde er oft von seinem deutschen Vorarbeiter provoziert und vorgeführt. Mein Großvater erinnert sich heute noch daran, dass dieser Vorarbeiter Willi hieß und im Zweiten Weltkrieg Panzerfahrer gewesen war und sich sprachlich auch so aufführte. Er erzählte mir, dass sich dieser Vorabeiter gegen Feierabend immer meinen Großvater herauspickte und ihm befahl, den schmutzigen Boden zu kehren, obwohl es nicht seine Aufgabe gewesen war. Obwohl die Freunde meines Großvaters sich öfters anboten zu helfen, wurde dies von Willi verweigert, sodass es eines Tages zu einer heftigen Auseinandersetzung zwischen dem Gastarbeiter Konstantin und dem deutschen Vorarbeiter Willi kam. Mein Großvater, der inzwischen etwas Deutsch sprechen konnte, fing an sich mit dem wenigen Deutsch zu wehren und feuerte verbal zurück, sodass es so weit kam, dass der Chef und ein Dolmetscher hinzugerufen werden mussten, um den Streit zu schlichten. Schließlich entschied sich Konstantin dazu, diese Fabrik zu verlassen und eine neue Arbeit zu suchen, da er sowohl sehr unglücklich über seine Arbeit, als auch über die Arbeitsbedingungen war. Mein Großvater erwähnte mir gegenüber am Telefon, dass man manchmal durch die Hölle gehen müsse, bevor man ins Paradies gelange. Obwohl ich verstanden habe, dass er damit den persönlichen Lebensweg eines jeden Menschen meinte, nannte er auch interessanterweise den Werdegang Deutschlands als Beispiel. Deutschland sei, seiner Meinung nach, nach dem Zweiten Weltkrieg wie ein Phönix aus der Asche wiederauferstanden und habe es durch Disziplin und harte Arbeit zu seinem heutigen Wohlstand und Reichtum gebracht. Des Weiteren sprach er auch oft darüber, dass er bereits als Kind immer nach „seinem Weg" suchte und nicht zur Ruhe kommen konnte, bis er ihn endlich gefunden habe.

Weihnachten 1968
Quelle: Familien-
Fotoarchiv

Als ich meinen Großvater fragte, warum er nicht in Griechenland geblieben sei, obwohl er doch eine gute Position und Arbeit als Offizier in der griechischen Armee hatte, sagte er mir, dass er seiner großen Liebe gefolgt sei. Und sein Wunsch damals sei sehr groß gewesen, mit meiner Großmutter Panagiota ein gemeinsames neues Leben in der Fremde zu beginnen, weit weg von Armut und Elend, was sie beide zu Genüge erlebt hatten. Er habe stets mit meiner Großmutter brieflich in Kontakt gestanden, sodass er sie kurz nach seiner Ankunft in Heidelberg in der Nähe des Schwarzwaldes aufsuchte, wo sie als Näherin in einer kleinen Fabrik arbeitete. Beide beschlossen gemeinsam in Heidelberg zu wohnen und kamen erst einmal in einem sehr teuren Hotel unter. Mein Großvater erzählte mir, dass es damals für sie sehr schwer gewesen sei, eine Unterkunft zu finden, da sie nicht verheiratet waren und nicht wenige Vermieter dies auch finanziell ausnützen. Schließlich zogen sie kurz vor der Geburt ihrer Zwillinge – Eleni und Dafni – 1968 nach Mannheim um, wo Konstantin enge Kontakte zur griechischen Gemeinde hatte. Zu dieser Zeit waren meine Großeltern übrigens immer noch nicht verheiratet gewesen, da die Schwangerschaft eher überraschend kam. Es war nicht der richtige Zeit-

Hochzeit meiner Großeltern 1969
Quelle: Familien-Fotoarchiv

punkt für die Gründung einer Familie, denn der Plan war gewesen, sich zunächst in der neuen Heimat finanziell zu stabilisieren. Offiziell heirateten sie erst 1969, ein Jahr nach der Geburt meiner Mutter und meiner Tante, in einer Kirche nach dem griechisch-orthodoxen Glauben.

So kam es, dass mein Großvater Kontakt mit einem bekannten griechischen Journalisten in Mannheim aufnahm, den er aus der griechischen Gemeinde in Mannheim kannte, da er selbst im Vorstand tätig gewesen war. Der griechische Journalist, der für eine bekannte griechische Zeitung namens „Elliniki" schrieb, erkannte sehr schnell das sprachliche Talent meines Großvaters und bot ihm an, ebenfalls für die griechische Zeitung Artikel zu schreiben. Als Konstantin zu schreiben begann, erlebte Griechenland gerade die Zeit der griechischen Diktatur, der griechischen Junta (siehe: 2.3 Die griechische Diktatur unter Georgios Papadopulos 1967 bis 1974) unter Papadopoulos. Konstantin, der sprachlich sehr gewandt war, gelang es, auf elegante Weise seine Artikel so zu formulieren, dass sie stets neutral blieben und keine politische Position bezogen. Er erzählte mir, dass es den Griechen in der Zeit der Diktatur eigentlich nicht schlecht ging, da die Arbeitslosigkeit rapide gefallen war und fast jeder eine Arbeit hatte. Wie in jeder Diktatur aber gab es eine Schattenseite, dass politische Gegner ins Gefängnis geworfen und gefoltert wurden und es keine Presse- und Meinungsfreiheit gab. Ein Phänomen, das in unserer menschlichen Geschichte immer wiederzukehren scheint und bis heute noch in vielen Ländern sehr präsent ist. Für das Verfassen der Artikel, was meinem Großvater viel Freude bereitete, weil er endlich in seinem Element war, bekam Konstantin 20,- Mark, was leider nicht sehr viel war. So kam es, dass er auch diese kreative und erfüllende Beschäftigung ziemlich schnell wieder aufgab, und sich nach anderen Möglichkeiten umschaute, um Geld zu verdienen, denn er hatte ja nun eine Familie zu versorgen. Konstantin erfuhr von einer amerikanischen Organisation, die sich IOS (International Organisation Service) nannte und als eine Art Fond-Investment mit Privatkapital an den Börsen aktiv war. IOS, die für damalige Verhältnisse eine sehr gute Provision zahlte, suchte nach Vertretern, die von Tür zu Tür gingen, um Landsleute davon zu überzeugen, ihr Privatvermögen in den FOND INVESTMENT zu investieren. Für einige Jahre ging diese Arbeit als Vertreter sehr gut und Konstantin verdiente viel Geld und bekam auch gute Provisionen, da er es verstand, seine griechischen Landsleute davon zu überzeugen, ihr Geld bei dieser Organisation zu investieren. Nach so vielen Tiefen und Enttäuschungen, die er bisher in seinem Leben erlebt hatte, schien das Schicksal es endlich gut zu meinen und es folgten einige gute Jahre. Konstantin konnte sich endlich sein erstes Auto, seinen VW Käfer, leisten, was sein ganzer Stolz war und von diesem Zeitpunkt an wurde das Autofahren zu einem seiner Hobbys. Selbst die lange Reise nach Griechenland über die Schweiz und ehemaliges Jugoslawien sah er im Sommer eher als Abenteuer und nicht als Strapaze an. Endlich konnten sich Konstantin und seine Frau Panagiota eine anständige Wohnung leisten, Reisen unternehmen und Urlaub in der alten Heimat machen. Endlich schienen all die Mühen und Entbehrungen in der fremden Heimat sich gelohnt zu haben und die Fremde wurde allmählich zur Heimat eines Neubeginns.

Das erste Auto meines Großvaters: der VW-Käfe
Quelle: Familien-Fotoarchiv

Mein Großvater erzählte mir, dass diese Zeit bei IOS eine
sehr prägende und bereichernde Zeit für ihn gewesen war,
da er zum ersten Mal in seinem Leben mit wirtschaftlichen und ökonomischen Prinzipien konfrontiert wurde.
Er hatte sich bisher kaum für wirtschaftliche Themen interessiert und war auch kein Freund der Zahlen gewesen.
Er war eher der Typ gewesen, der sich für philosophische
und gesellschaftlich-politische Themen interessierte, wo
er sich ganz gut auskannte. Aber die Notwendigkeit des
Überlebens in der neuen Heimat hatte Konstantin wieder einmal dazu gebracht, aus der Not eine Tugend zu
machen und sich beruflich der Wirtschaft zuzuwenden.
Mein Großvater erzählte mir, dass es zu seiner Ausbil-
dung bei der IOS gehört hatte, z. B. auf einer einwöchi-
gen Schifffahrt auf dem Rhein von hochdotierten und
berühmten Referenten, wie Ludwig Erhardt und Hel-
mut Schmidt in wirtschaftlichen Themen unterrichtet

zu werden. Er habe zum ersten Mal davon gehört, dass Geld nicht einfach nur Geld sei, sondern dass Geld eine Ware sei, und dass man mit Geld, Geld verdienen könne. Für einige Jahre ging diese lukrative Arbeit bei IOS sehr gut und die Aktien stiegen, bis auf einmal der Abstieg kam und IOS Insolvenz anmelden musste. Dadurch wurde es nicht nur finanziell schwierig für Konstantin, weil er kein Einkommen mehr hatte, sondern er bekam auch viele Probleme mit den griechischen Aktien Anlegern, die ihr ganzes Vermögen bei IOS angelegt hatten und darauf vertrauten, dass sie einen Gewinn davontrugen. Nun war das investierte Geld weg und der erhoffte Gewinn blieb aus. Es gab sogar einige Griechen, die meinen Großvater bedrohten, weil sie ihr Geld zurückhaben wollten, sodass er sich kurzer Hand entschied, in eine andere Stadt zu ziehen. Konstantin war überzeugt von dem IOS Konzept, welches er als sehr hilfreich empfunden hatte, und entschied sich zu einem IOS Anlagenberater nach Wiesbaden umzuziehen, mit dem er zusammenarbeiten wollte. Zunächst jedoch bewarb sich Konstantin wieder darum, in einer Chemie Firma bei KALLE-ALBERT in Wiesbaden-Biebrich zu arbeiten, verließ jedoch recht schnell die Firma, weil es ihm erneut keinen Spaß machte und es wieder Konflikte mit anderen Gastarbeitern gab. Mein Großvater erzählte mir, dass er nicht selten mit Neid und Boshaftigkeit konfrontiert wurde, weil viele seiner Landsleute ihm seinen Erfolg nicht gönnten, da sie durchaus wahrnahmen, dass er ihnen sprachlich und kognitiv überlegen war.

Schließlich fand Konstantin eine gute Anstellung als Dolmetscher/Übersetzer bei KALLE-ALBERT in Wiesbaden-Biebrich, wo inzwischen sehr viele griechische Gast-

arbeiter arbeiteten und lebten. Durch ein sehr diszipli-
niertes Selbststudium und einige Abendkurse beherrschte
Konstantin inzwischen die deutsche Sprache sehr gut und
wurde oft zu Gesprächen und Arbeitsanweisungen und
administrativen Anträgen hinzugerufen, da die meisten
griechischen Arbeiter der deutschen Sprache nicht mäch-
tig waren. Bald kannte ihn jeder in Wiesbaden-Biebrich,
da er sich außerhalb der Arbeitszeit auch um die Belan-
ge der griechischen Landsleute kümmerte und nicht nur
Dokumente, wie Geburts- und Heiratsurkunden, über-
setzte, sondern auch nebenbei Steuererklärungen machte und Bausparversicherungen abschloss. Wirtschaftlich
gesehen ging es der Familie Kapnistis in Wiesbaden gut.
Konstantin hatte inzwischen einen angesehenen und
gut bezahlten Job bei KALLE-ALBERT und seine Frau
Panagiota hatte sich inzwischen selbstständig gemacht
und eine eigene Schneiderei mit angestellten Näherin-
nen eröffnet. Jetzt gehörten Konstantin und Panagiota
als vollwertige Mitglieder der deutschen Gesellschaft
an und fühlten sich auch gut integriert und genossen
ihr Leben innerhalb der griechischen Gemeinde in der
neuen Heimat. Sie fingen an, große Pläne zu schmieden
und bauten gemeinsam in Griechenland ein Haus. Sie
dachten auch daran, sich mit größeren Immobilien in
Griechenland zu beschäftigen und auch in Deutschland
für die Kinder ein Haus für später zu bauen. Wie es das
Schicksal aber nun wollte, kamen mit dem beruflichen
und wirtschaftlichen Aufstieg auch familiäre Probleme
und Zwietracht in die Familie. Konstantin arbeite in zwei
Schichten, um noch mehr Geld zu verdienen, sodass er
morgens bei KALLE ALBERT arbeitete und abends und
am Wochenende nebenher Steuererklärungen machte

und Bausparkassenversicherungen für seine griechischen Landsleute abschloss. Meine Großmutter Panagiota war hauptsächlich mit ihrer Schneiderei, die von Jahr zu Jahr erfolgreicher wurde, und mit der Erziehung der zwei Kinder beschäftigt. Das Ehepaar entfernte sich im Laufe der Zeit voneinander, weil am Ende kaum noch Raum für die Familie blieb. Konstantin verschwand fast vollkommen in seiner Nebentätigkeit und schloss auch engere Kontakte mit der sogenannten „griechischen Unterwelt." Das waren Männer, die sich nachts und am Wochenende in den griechischen Kneipen mit reichlich Alkohol und Zigaretten trafen und Poker mit großen Einsätzen spielten. Meine Großmutter war sehr unzufrieden mit diesem Leben, sodass sie sich nach einigen Jahren der Zwietracht und Streitereien dazu entschloss, die Scheidung einzureichen. Meine Mutter erzählte mir, dass es viele Momente in ihrer Kindheit gab, in denen ihre Eltern kaum Zeit für sie und ihre Zwillingsschwester hatten und sie oft auf sich allein gestellt waren. 1984 kam es dann zur Scheidung, was auch der Anfang vom Ende war. Mein Großvater hatte sich zwar vehement gegen die Scheidung gewehrt, weil er genau wusste, was für Folgen dies für die ganze Familie haben würde, aber meine Großmutter war fest entschlossen und ließ sich durch nichts und niemanden davon abbringen. Die Scheidung brachte nicht nur einen finanziellen Einbruch mit sich, sondern auch viele seelische Verletzungen, da meine Großeltern nicht im Guten auseinander gingen. Meinem Großvater ging es nach der Scheidung psychisch so schlecht, dass er nicht mehr arbeiten konnte und seine gut bezahlte Stelle bei KALLE-ALBERT kündigte. Meine Mutter erzählte mir, dass ihm durch die bittere Scheidung jegliche Motivation genommen worden war und er auch keinen Sinn mehr sah, in dem was er tat. Alles, was ihm wichtig gewesen war, seine Familie, seine Frau, seine Kinder und die gemeinsamen Zukunftspläne hatten sich auf einmal in Luft aufgelöst. Er durchlief eine sehr schlimme Zeit von Depressionen und es dauerte fast fünf Jahre bis er sich davon erholt hatte und einen beruflichen Neustart wagen konnte. Er mietete einen kleinen Raum in Wiesbaden-Biebrich und eröffnete ein Übersetzungsbüro, in dem er nicht nur Übersetzungen, sondern auch Steuererklärungen und Versicherungen anbot. Auch für meine Großmutter Panagiota war es damals eine harte Zeit gewesen, denn durch die Scheidung geriet auch sie als alleinerziehende Mutter in finanzielle Schwierigkeiten, was auch meine Mutter Eleni und meine Tante Dafni als Jugendliche zu spüren bekamen. Meine Großmutter war mit der ganzen Situation so überfordert gewesen, dass auch sie in eine Depression verfiel und ihre Schneiderei nach einigen Jahren aufgab. Es blieben nur noch familiäre Trümmer. Ein Leben voller Höhen und Tiefen.[47]

47 Quelle: Telefon-Interview mit meinem Großvater und Interview mit meiner Mutter

3.4 Die Rückkehr in die Heimat nach 38 turbulenten Jahren

Wie ich bereits im vorherigen Kapitel (siehe: 3.3 Höhen und Tiefen in der neuen Heimat) erwähnt habe, hatte sich Konstantin nach der schwierigen Zeit der Scheidung wieder erholt und einen beruflichen Neustart gewagt. Er hatte sein kleines Übersetzungsbüro in Wiesbaden-Biebrich aufgebaut, das für einige Jahre sehr gut lief und ihm finanziell wieder auf einen grünen Zweig brachte. Er konnte in dieser Zeit nicht nur das vierstöckige Mehrfamilienhaus in Naoussa/Griechenland fertig bauen, das für mehr als fünf Jahren aufgrund der finanziellen Notlage nicht weitergebaut werden konnte, sondern auch ein wenig Geld für die Rente beiseitelegen.

Seine größte Sorge galt unter anderem den Zwillingstöchtern, die die turbulenten, unschönen Jahre des Scheidungsprozesses als Jugendliche miterlebt hatten, und er befürchtete, dass sie ihre schulische Laufbahn nicht beenden und auf einen schiefen Weg geraten würden. Doch seine Töchter Eleni und Dafni waren inzwischen als Studentinnen an der JGU Mainz immatrikuliert und er war sehr stolz auf sie, da beide es trotz aller familiären Schwierigkeiten und Entbehrungen geschafft hatten, ihre schulische Laufbahn mit Bravour abzuschließen und sich in das Fach Medizin und Fächer für das Lehramt einzuschreiben.

Konstantin arbeitete wieder sehr hart und machte ständig Überstunden, bis er wieder in eine körperliche und psychische Erschöpfung geriet. Es war schwer für ihn, da er allein auf sich selbst gestellt war und von niemandem Unterstützung erwarten konnte. Alles musste er selbst erledigen und dabei stand ihm weder ein Partner noch eine intakte Familie zur Seite, die ihn in schwierigen Phasen stützen konnte. Er arbeitete pausenlos, auch an den Wochenenden, stand ständig unter Stress und nahm keine Rücksicht auf seine Gesundheit, bis er schließlich so stark erkrankte, dass er durch das intensive Rauchen und den ständigen Stress eine seiner Lungen verlor. Das beeinträchtigte so sehr seine Lebensqualität, dass er sich 2000 endlich entschied, alles aufzugeben und nach Griechenland zurückzukehren.

Er verkaufte sein Büro, sein Wohnmobil, sein Auto und seine seit Jahren angelegten Aktien. Er kaufte sich davon in Deutschland ein neues Auto und in Griechenland ein kleines Appartement am Strand auf der Halbinsel Halkidiki, wo er seinen Lebensabend allein verbringen wollte. Als ich meinen Opa fragte, warum er nach Griechenland zurückgezogen sei, antwortete er mir, dass er in Deutschland gestorben wäre, wenn er nicht zeitig die Notbremse gezogen hätte.

Und tatsächlich baute sich Konstantin wieder einmal ein neues Zuhause in der alten Heimat auf. Er hatte seine Heimat als junger Mann mit vielen Träumen und Vorsätzen verlassen und kam als Griechenland-Deutscher, wie ihn die Einheimischen nannten, gealtert und gezeichnet von Höhen und Tiefen des Lebens in seine Heimat zurück, um einen Neustart für den Lebensabend zu wagen.

Auch hier in Griechenland war Konstantin wieder aktiv und beschäftigte sich mit Immobilien, mit der Instandhaltung und den Mieteinnahmen des Mehrfamilienhauses und kaufte sogar ein älteres Gebäude,

Mein Großvater mit seinem Wohnmobil
Quelle: Familien-Fotoarchiv

um daraus Ferienappartements für Touristen zu machen. Mein Großvater hatte immer in seinem Leben Visionen und Träume gehabt, die er verfolgte und zu verwirklichen versuchte. Er versuchte dem Schicksal stets die Stirn zu bieten, was ihm aber nicht immer gelang. Das Schicksal hatte ihn demütig gemacht. Mein Großvater erwähnte mir gegenüber, dass aus ihm etwas Großes hätte werden können, wenn er in der richtigen Zeit und unter anderen Umständen geboren wäre. Obwohl er als Kind und junger Mann so viele Fähigkeiten und Kompetenzen hatte, fehlte ihm das unterstützende und fördernde Umfeld, um seine Potenziale entfalten zu können. Die Auswirkungen von Armut erwähnte mein Großvater sehr oft in seinen Erzählungen, die ihn als Kind und jungen Mann nicht nur geprägt, sondern auch daran gehindert hatten, seine Fähigkeiten zur Entfaltung zu bringen.

Ein weiterer Schicksalsschlag war 2010 die Finanzkrise in Griechenland, was auch für Konstantin zur Folge hatte, dass das wenige Geld, das er für seinen Lebensabend beiseitegelegt hatte, an den griechischen Staat in Form von Grundsteuer abgeführt werden musste. Alles Ersparte und seine kleine monatliche Rente von 700,- Euro musste jährlich an den Staat abgegeben werden, da das Grundeigentum besteuert wurde. So musste Konstantin als Rentner z. B. jährlich 5000,- Euro an Eigentumssteuer zahlen, da er sich inzwischen in Griechenland einige Grundstücke und ein Mehrfamilienhaus zugelegt hatte. Doch anstatt mit den Einnahmen und der kleinen Rente einen ruhigen und angenehmen Ruhestand führen zu können, wurde er auch im höheren Alter mit finanziellen Problemen und Engpässen konfrontiert. Ein ständiger Kampf an der Front des Lebens – manchmal erbarmungslos.

Was meinen Großvater jedoch heute noch auszeichnet, ist sein stetiger Optimismus und Überlebenswille. Als ich ihn einmal fragte, ob er es je bereut habe nach Deutschland immigriert zu sein, antwortete er mit „Nein". Er sah in Deutschland eine große Chance für sein Leben und lobte vieles in Deutschland, was in Griechenland nicht funktionierte. Würde man ihn fragen, ob er sich als Grieche oder als Deutschen sieht, würde er antworten, dass er sich als Weltbürger, Europäer und Pionier der 60er Jahre sieht, worauf er sehr stolz ist.

Wir besuchen meinen Großvater jedes Jahr in den Sommerferien und ich freue mich immer wieder zu sehen, wie glücklich und integriert er trotz aller Entbehrungen und Schicksalsschläge in seiner „neuen-alten" Heimat ist. Auch bewundere ich Konstantins ständige

Motivation wieder aufzustehen, nachdem er so oft gefallen war und auch nicht aufgab, auch wenn das Leben scheinbar nur noch gegen ihn arbeitete. Heute noch ist charakteristisch für ihn, dass er sehr sozial und kommunikativ ist und nicht nur bei älteren Herren ein willkommener Gast ist, der um Rat gefragt wird und dessen Meinung geschätzt wird. Wenn ich ihn frage, ob er sich einsam fühle ohne Ehepartnerin und ohne Kinder in Griechenland zu leben, so antwortet er stets, dass er sich mit der Einsamkeit angefreundet habe.

Ich wünsche mir, dass ich noch viele bereichernde und schöne Momente mit meinem Großvater erleben werde und seinen Geschichten lauschen kann, aus denen ich viel für das Leben lernen kann. Und ich muss gestehen, dass ich im Laufe der Geschichte gemerkt habe, dass es so einige Ähnlichkeiten zwischen mir und meinem Großvater gibt und hoffe, aus seinen Erfahrungen auch etwas gelernt zu haben. [48]

---

48 Quelle: Telefon-Interview mit meinem Großvater und meiner Mutter

Mein Großvater und seine Familie in Griechenland 2017
Quelle: Familien-Fotoarchiv

4 FAZIT

Mit meiner Geschichtsarbeit wollte ich zeigen, dass das Schicksal meines Großvaters im Großen und Ganzen kein Einzelfall war. Die Krise innerhalb der Biografie meines Opas war die schlechte Wirtschaftslage in Griechenland in Folge des Bürgerkriegs und des Zweiten Weltkriegs. Auch seine familiäre Armut stellte eine Krise dar. Der Umbruch war die Emigration meines Großvaters aus Griechenland nach Deutschland, auf der Suche nach einer neuen und besseren Zukunft. Als Aufbruch würde ich persönlich Konstantins neues Leben in Deutschland bezeichnen.

Die Krise, der Umbruch und der Aufbruch sind, natürlich individuell variierend, mit den Geschichten zahlreicher anderer Migranten oder Flüchtlinge vergleichbar. Betrachtet man die Weltgeschichte, wird einem auch klar, dass es in der Geschichte der Menschheit immer einen gewissen Umbruch und Aufbruch gegeben hat. Als Paradebeispiel möchte ich an dieser Stelle die Entdeckung der „neuen Welt" durch Christopher Kolumbus im Jahre 1492 nennen. Zu dieser Zeit herrschte in ganz Europa ein genereller Umbruch, es war eine Epoche voller Gegensätze. Einerseits herrschten die Inquisition und kirchliche Verfolgung, während auf der anderen Seite das heliozentrische Weltbild das altertümliche geozentrische Weltbild ablöste.

Ich habe für mich selbst gelernt, dass man im Leben niemals aufgeben sollte, auch wenn, wie bei meinem

Großvater, ein Rückschlag auf den anderen folgt. Man sollte immer wieder aufstehen und nicht in Depression versinken, sondern dem entgegenblicken, was kommen wird. Ich habe auch gelernt, dass ich durchaus glücklich mit meinem Leben sein kann, denn Armut kann schwerwiegende Folgen haben...

Ein großer Unterschied zwischen den Umständen zu der Zeit meines Großvaters und den heutigen ist, dass mein Großvater während des Wirtschaftswunders nach Deutschland immigrierte und ihm so eine Arbeitsstelle sicher war, weil Männer wie er bereits vom deutschen Arbeitsmarkt angeworben worden waren. Heutzutage existiert diese spezielle Sicherheit nicht mehr. Heute werden nämlich primär akademische Fachkräfte, z. B. aus der IT-Branche oder der Krankenpflege angeworben. Eine Parallele zu der Situation meines Großvaters, der sich aus wirtschaftlichen Gründen gezwungen sah, seine Heimat zu verlassen, sind Flüchtlinge, die etwa aus Ländern wie Afrika oder Südamerika in Industrieländer einwandern wollen, um ein neues und besseres Leben führen zu können. Eine weitere Parallele wäre, dass mein Großvater selten selbst über sein Schicksal bestimmen konnte, weil die sozio-ökonomischen Umstände ihn immer dazu zwangen, sich an die damaligen Gegebenheiten anzupassen. Damit vergleichbar wäre die heutige Situation von syrischen Flüchtlingen, die ihre Heimat aufgrund von einem Krieg verlassen müssen, auf den sie keinen Einfluss haben.

5 Literatur- und Quellenverzeichnis

5.1 Literatur

- Informationen zur politischen Bildung, Nummer 237, Bonn 4. Quartal 1992, Seite 4
- Mathilde Jamin, Fremde Heimat, in: Motte, Jan/Ohliger, Rainer/von Oswald, Anne: „50 Jahre Bundesrepublik – 50 Jahre Einwanderung", Frankfurt/Main 1998, S. 164

5.2 Internet

- www.kommunismusgeschichte.de (Die KKE und der Bürgerkrieg in Griechenland) aufgerufen am: 06.01.2019
- Spiegel Online, aufgerufen am: 27.10.2018
- https://www.hdg.de/lemo/kapitel/geteiltes-deutschland-modernisierung/bundesrepublik-im-wandel/gastarbeiter.html, aufgerufen am 29.1.2019; vgl. auch Mathilde Jamin: Fremde Heimat; Motte, Jan/Ohliger, Rainer/von Oswald, Anne: „50 Jahre Bundesrepublik – 50 Jahre Einwanderung", Frankfurt/Main 1998, S. 164

- Zitat: Bundesministerium für wirtschaftliche Zusammenarbeit https://www.bmz.de/de/laender_regionen/schwellenlaender/index.html

5.3 INTERVIEWS

- Interview am 10.12.2018 mit meinem Großvater Konstantin Kapnistis
- Interview am 05.01.2019 mit meinem Großvater Konstantin Kapnistis
- Interview am 26.02.2019 mit meinem Großvater Konstantin Kapnistis
- Interview am 26.02.2019 mit meiner Mutter Eleni Kapnisti-Abedini

5.4 BILDNACHWEIS

- Familien-Fotoarchiv
- www.welt.de
- www.wikimedia.org

5.5 BRIEFE

- Brief von meinem Großvater am 23.09.2018
- Brief von meinem Großvater am 03.10.2018
- Brief von meinem Großvater am 11.02.2019

EIN HERZ FÜR AUTOREN A HEART FOR AUTHORS À L'ÉCOUTE DES AUTEURS MIA KA
HJÄRTA FÖR FÖRFATTARE UN CORAZÓN POR LOS AUTORES YAZARLARIMIZA GÖNÜ
HERZE PER AUTORI ET HJERTE FOR FORFATTERE EEN HART VOOR SCHRIJVERS TE
SZERZŐINKÉRT SERCE DLA AUTORÓW EIN HERZ FÜR AUTOREN A HEART FOR AUTH
CORAÇÃO BCEЙ ДУШОЙ К АВТОРАМ ETT HJÄRTA FÖR FÖRFATTARE Á LA ESCUCHA
MIA KAPΔIA ΓIA ΣYΓΓPAΦEIΣ UN CUORE PER AUTORI ET HJERTE FOR FORI
YAZARLARIMIZA SZERZŐINKÉRT SERCE DLA AUTORÓW
CORAÇÃO BCEЙ ДУШОЙ К АВТОРАМ E

Der Autor

Navid wurde im März 2006 geboren. Schon
sehr früh fiel das Ausnahmetalent durch einen
rapiden Spracherwerb auf. Seine derzeiti-
ge Leidenschaft sind Schwarze Löcher und
Neutronensterne. Er liebt es, Fahrrad zu fahren
und Klavier zu spielen. Navid war 2018 in der
Sendung „Einstein Junior" zu sehen, in der sich
Teams aus hochbegabten Kindern aus ganz
Deutschland auf hohem Niveau duellierten.

Der Verlag

*Wer aufhört
besser zu werden,
hat aufgehört
gut zu sein!*

Basierend auf diesem Motto ist es dem novum Verlag ein Anliegen neue Manuskripte aufzuspüren, zu veröffentlichen und deren Autoren langfristig zu fördern. Mittlerweile gilt der 1997 gegründete und mehrfach prämierte Verlag als Spezialist für Neuautoren in Deutschland, Österreich und der Schweiz.

Für jedes neue Manuskript wird innerhalb weniger Wochen eine kostenfreie, unverbindliche Lektorats-Prüfung erstellt.

Weitere Informationen zum Verlag und seinen Büchern finden Sie im Internet unter:

www.novumverlag.com